Breves encontros
com o Dalai-Lama

Breves encontros com o Dalai-Lama

108 REFLEXÕES PARA ALCANÇAR A SERENIDADE

Reunidas e apresentadas por
Catherine Barry

Tradução
Andréa Stahel Monteiro da Silva

SÃO PAULO 2009

Esta obra foi publicada originalmente em francês com o título
108 PERLES DE SAGESSE
por Presses de la Renaissance.
Copyright © 2006 Editions Presses de la Renaissance.
Copyright © 2009, Livraria Martins Fontes Editora Ltda.,
São Paulo, para a presente edição.

1ª edição 2009

Tradução
ANDRÉA STAHEL MONTEIRO DA SILVA

Revisão técnica
Alessandra El Far
Acompanhamento editorial
Luciana Veit
Revisões gráficas
Marisa Rosa Teixeira
Helena Guimarães Bittencourt
Produção gráfica
Geraldo Alves
Paginação/Fotolitos
Studio 3 Desenvolvimento Editorial

Dados Internacionais de Catalogação na Publicação (CIP)
(Câmara Brasileira do Livro, SP, Brasil)

Barry, Catherine
 Breves encontros com o Dalai-Lama : 108 reflexões para al-
cançar a serenidade / reunidas e apresentadas por Catherine
Barry ; tradução Andréa Stahel Monteiro da Silva. – São
Paulo : Editora WMF Martins Fontes, 2009.

 Título original: 108 perles de sagesse
 ISBN 978-85-7827-093-3

 1. Budismo – Tibete 2. Espiritualidade 3. Meditações 4. Serenidade 5. Tenzin Gyatso, Dalai-Lama XIV, 1935- I. Título.

09-01506   CDD-294.3923092

Índices para catálogo sistemático:
1. Dalai-Lama : Meditações : Budismo tibetano :
Religião   294.3923092
2. Meditações : Dalai-Lama : Budismo tibetano :
Religião   294.3923092

Todos os direitos desta edição reservados à
Livraria Martins Fontes Editora Ltda.
Rua Conselheiro Ramalho, 330 01325-000 São Paulo SP Brasil
Tel. (11) 3241.3677 Fax (11) 3101.1042
e-mail: info@wmfmartinsfontes.com.br http://www.wmfmartinsfontes.com.br

A meu filho, Benjamin,
e a todos de sua geração que
farão o mundo de amanhã

"Enquanto durar o espaço, enquanto durar o tempo, que eu possa permanecer para ajudar todos os seres sensíveis a se libertar do sofrimento e de suas causas e a encontrar a felicidade e suas causas, para alcançar a iluminação."

Em 1960, a Europa descobriu a existência dos lamas tibetanos graças ao desenhista belga Hergé. Ele publicou no jornal *Tintin* as primeiras páginas do que se tornaria o álbum *Tintim no Tibete*. Eu ainda esperaria alguns anos para ler, encantada, as aventuras do jovem repórter. Delas decerto nasceu, em parte, meu interesse pelo Tibete e por aventuras. Nos anos seguintes, esse interesse pelo budismo e pelo "teto do mundo" sempre se manteve. O conhecimento adquirido com os mestres dessa tradição, o convívio com eles e a prática da meditação na qual me guiaram só reforçaram minha convicção de que, junto a eles – pelo menos, junto a alguns deles –, encontrei respostas para minha busca existencial. Já há trinta anos venho aprendendo que é possível transformar a mente. Essa evidência me levou, quando as circunstâncias – os budistas diriam o carma – se apresentaram a mim, a orientar minha vida profissional de acordo com essa tradição que escolhi praticar.

Sabendo do fundo do coração o que os princípios budistas podem trazer para a vida cotidiana, participar de sua divulgação por esse meio de comunicação "difícil" que é a televisão, para esse tipo de "transmissão", e assim mostrar meu engajamento nessa tradição me pareceu particularmente importante.

Ao longo do tempo, tive o privilégio de estar ao lado de grandes mestres de todas as escolas, dentre eles Sua Santidade, o Dalai-Lama. Todos os encontros contribuem para construir nossas vidas de forma diferente e nos fazem evoluir. Alguns são catalisadores mais poderosos que outros e revelam, sem concessões, nossa essência verdadeira, permitindo-nos assim progredir, pelo menos um pouco. Mistério da troca consciente e inconsciente que faz com que não sejamos exatamente os mesmos e nem inteiramente outros. Essas influências nos atravessam e nos incitam a ir para além de nós mesmos. Os encontros com Sua Santidade contribuíram para que eu construísse minha vida, de outra forma. Então, como não sentir o dever e a necessidade de dar testemunho da força dos ensinamentos budistas que o Dalai-Lama encarna? Sua situação nos toca tanto mais quanto perdemos o hábito de ver se exercer, em um único ser, tamanha unidade entre a palavra e a ação. Que formidável lição de humanidade ver esse simples monge enfrentar, atualmente há mais de cinquenta anos, a tragédia de seu povo com força, coragem, determinação e tanta fé nos ensinamentos de Buda, qualidades que nunca arrefeceram! Que magnífica lição de vida ver como ele oferta generosamente aos povos do planeta seus conhecimentos e seu tempo, como se fosse um simples homem entre os homens, enquanto seu povo o venera como um deus! Como é impressionante e entusiasmante, enfim, constatar que, sejam quais forem as circunstâncias, suas palavras, sempre verdadeiras, estão de acordo com os pensamentos e princípios que ele prega!

Ele nos mostra que podemos seguir seus passos e que a transformação interior é possível, contanto, é claro, que se aceite que é preciso tempo e uma determinação genuína para levar esse aprendizado a bom termo e alcançar a verdade desse Caminho.

Seus ensinamentos, repletos de bom senso e de sabedoria pragmática, sempre me acompanham, dia após dia, nesse Caminho de transformação espiritual, o "budismo tibetano". Para mim, eles são etapas, chaves que propiciam a transformação interior assim que os meditamos e os analisamos. Daí esta obra em que lhes apresento cento e oito meditações, cifra metafórica que representa as cento e oito contas do rosário, o *mala*, com o qual praticamos e recitamos os mantras, "preces" que nos ajudam a apaziguar o espírito e o coração e a canalizar e modificar nossas energias "perturbadoras". Cada frase de sabedoria simboliza aqui uma conta do *mala*. Espero que elas os inspirem e os ajudem, por sua vez, a compreender o que são a verdade da compaixão, da tolerância, do amor, da bondade e o respeito infinito pelo outro – o outro considerado, quaisquer que sejam as circunstâncias, sempre mais importante do que você mesmo. Existe mensagem mais essencial do que essa, que ensina a viver em paz e feliz consigo mesmo e com os outros?

🐦

Gostaria de partilhar com vocês três episódios que mostram como o Dalai-Lama pode transformar a vida de cada um, e que me permitiram perceber melhor a bondade que dele irradia.

🐦

Pouco depois de Sua Santidade receber o Prêmio Nobel da Paz, em 1989, tive a oportunidade de ter contato com ele pela primeira vez, no hotel Saint-James, em Paris. Lá foi organizada uma reunião para possibilitar o encontro de alguns artistas franceses e estrangeiros com o monge sorridente que fascinava o mundo inteiro por seu combate não violento contra os chineses. Ao receber o Prêmio Nobel da Paz, o Dalai-Lama incorporou-se ao restrito panteão das grandes figuras carismáticas e emblemáticas dos apóstolos da não-violência: Mahatma Gandhi e o pastor Martin Luther King. Muitas pessoas desejavam encontrá-lo. Dizer que aproximar-se dele naquela ocasião era difícil é um suave eufemismo. Eu sabia disso e tinha ido apenas com a esperança de ver de longe aquele que, para mim, encarnava a tradição espiritual que eu seguia havia alguns anos. Mas a vida decidira outra coisa. Um de meus amigos era um dos responsáveis pela segurança de Sua Santidade, e, num piscar de olhos, tornei-me uma das pessoas envolvidas na execução do encontro. Um presente inestimável, inesperado, que estimularia ainda mais meu engajamento nesse caminho. A presença, em carne e osso, de Tenzin Gyatso, que naquela noite senti de maneira tão direta e tangível pela primeira vez, agiu sobre mim como um poderoso catalisador. Sua energia alegre, indestrutível e arrebatadora gerou um profundo processo de transformação interior. Isso não quer dizer que avançar pelo caminho budista fique mais fácil ou que os problemas sejam resolvidos como que por magia. Não podemos perder de vista que o processo de transformação é longo, difícil, árduo até, visto que o material sobre o qual trabalhamos e agimos é nossa própria mente. O budismo prega que essa mudança se realiza ao longo de várias vidas, o que evidencia a profundidade do engajamento necessário para a transformação verdadeira.

Em outra ocasião, participei em Paris do encontro de Sua Santidade com os membros da comunidade tibetana residente na França. A carga emocional era tanta que me marcou para sempre. Para compreender a comoção que senti, é preciso recordar os testemunhos de tibetanos que arriscaram a vida para, por alguns instantes, encontrar com Sua Santidade, o Dalai-Lama, em Dharamsala, na Índia. Esses tibetanos, durante breves encontros, recebem sua bênção, uma *kata* – echarpe branca de bom agouro –, alguns conselhos e recomendações e, sobretudo, uma escuta atenta antes de retornar em seguida – a pedido do líder tibetano –, em condições sempre muito perigosas, ao Tibete, a fim de que a região não fique despovoada. Eles estão prontos para tudo por esse breve momento.

Essa lembrança nos permite mensurar a sorte que temos, aqui no Ocidente, de ter contato, com tanta facilidade, com Sua Santidade em suas vindas à França. É preciso conservar na memória a emoção palpável, a imensa felicidade dos tibetanos quando estão em presença daquele que é seu dirigente religioso e político, que simboliza seu povo, o budismo e a esperança de um dia voltar para seu país. O respeito infinito que sentem por aquele que para eles manifesta Tchenrezi, o Buda da Compaixão, no mundo é impressionante e nos prepara o caminho para uma dimensão sagrada da pessoa do Dalai-Lama que talvez pudéssemos ocultar. Ver Tenzin Gyatso com seu povo nos permite ter consciência mais clara de sua verdadeira dimensão.

Desde que começamos os programas de televisão, temos o privilégio de receber o Dalai-Lama mais ou menos a cada dois anos, quando ele passa algum tempo na França. Nessas ocasiões, as outras tradições religiosas que têm programas na France 2 no domingo de manhã oferecem, gentilmente, alguns minutos de seu tempo a *Voix bouddhistes* para que possamos dar a palavra por mais tempo ao chefe religioso e político dos tibetanos. O programa dura, então, meia hora, em vez dos quinze minutos habituais. Nunca durante todos esses anos – e isso deve ser enfatizado, em uma época em que, em alguns países, as tensões religiosas se manifestam de modo evidente – houve o menor problema para que Sua Santidade dispusesse desse tempo maior de transmissão. Cada conversa com Sua Santidade suscita em mim uma grande alegria. Inúmeras pessoas estarão escutando e desejam ouvir suas palavras de conforto, amor, tolerância e sabedoria. Temo não fazer "as" perguntas certas, as que as pessoas esperam, as que lhes interessarão. Minha responsabilidade é grande, pois não se trata de uma entrevista banal. Mais do que de um programa de televisão, trata-se, antes de tudo, de um diálogo com um mestre espiritual.

As entrevistas com Sua Santidade só são possíveis graças a um fabuloso trabalho de equipe. Há vários técnicos no estúdio, atentos aos mínimos detalhes e cuidando que tudo esteja em ordem com uma minúcia maior do que a habitual, sem ruídos inúteis e com uma grande concentração. Assim que Sua Santidade chega, sempre dinâmico e sorridente, a alegria inunda os rostos. Estamos felizes por estar em sua presença tão calorosa. Imediatamente, o ambiente fica descontraído. Tenzin Gyatso instala-se confortavelmente e dá uma sonora risada quando um técnico, um pouco embaraçado diante do manto do monge, tenta desajeitadamente lhe colocar um microfone. Ele sorri para mim, esqueço minhas apreensões e meu estresse. Estou diante de um mestre esclarecido que saberá oferecer o melhor do seu conhecimento aos telespectadores. A voz do monge tradutor Matthieu Ricard se faz ouvir em meu fone, tudo está pronto, começamos a entrevista. Sua Santidade é atencioso, disponível, totalmente atento ao que acontece, ao passo que suas obrigações são imensas. No meio de uma pergunta, à vontade e descontraído, ele tira os sapatos e senta-se no chão, de pernas cruzadas. Um gesto simples que significa que, quando está conosco, ele se sente como se estivesse entre amigos.

Por sua presença e suas respostas claras, Sua Santidade motiva a conscientização de que somos interdependentes, interligados e responsáveis uns pelos outros, o que impele a desenvolver não-violência, compaixão e tolerância. Qualidades absolutamente necessárias em nossa época, como enfatiza Sua Santidade, o Dalai-Lama, quando preconiza uma ética espiritual universal.

Ao final da entrevista, os técnicos se apressam para desligar os enormes refletores. Faz muito calor. Cada um se aproxima timidamente de Sua Santidade, uma *kata* na mão. O Dalai-Lama abençoa aqueles que assim desejam, budistas ou não, pois nesses momentos pouco importa o pertencimento ao budismo, aqui somos antes de tudo homens e mulheres felizes por ter tido o privilégio de passar uma hora em companhia desse ser raro.

Essa qualidade de presença que permite relaxar e abrir seu coração é o que eu gostaria de transmitir, partilhando com vocês as palavras do Dalai-Lama que me acompanham todos os dias, tanto em minha profissão de jornalista quanto em minha vida de mulher.

Para acompanhar essas palavras de sabedoria, decidimos apresentar-lhes as grandes imagens e símbolos do caminho do Buda, que encarnam os princípios apresentados aqui pelo Dalai-Lama.

Vocês encontrarão, então, as representações de mestres que transmitiram a sabedoria dos ensinamentos. Foi graças a seus esforços para praticar e contemplar esses ensinamentos que eles chegaram até nós.

Encarapitadas sobre diversos animais, representando diversas emoções – raiva, inveja, ignorância, agressividade, orgulho –, as deidades protetoras do ensinamento nos lembram que é possível subjugar essas emoções e, assim, deixar de ser seu prisioneiro.

Os Budas, enfim, são manifestações das qualidades positivas da iluminação que existem potencialmente em cada um de nós. Eles não são deuses que existem fora de nós, mas reflexos de nossa própria sabedoria. Invocá-los é voltar-se para as virtudes que queremos cultivar.

A esses grandes personagens, acrescentamos os oito símbolos auspiciosos. Esses símbolos estão presentes em todos os monastérios tibetanos. Às vezes são desenhados no chão com pó branco ou colorido, para receber um dignatário e dar-lhe testemunho de respeito. São utilizados como oferenda material ou mental em inúmeras ocasiões. Representá-los ou evocá-los é considerado sinal de bom agouro. E foi desejando que eles lhes sejam benéficos que decidimos oferecê-los a vocês.

20   Sakyamuni

O Buda executando o gesto em que toma a terra como testemunha de seu despertar.

Os budas

☙ 1 ☙

Quando duvidar de você mesmo, quando não tiver confiança em você, pense no seu fantástico potencial de ser humano, que apenas precisa ser desenvolvido. Então ficará feliz de descobrir esse tesouro que o habita: a alegria é um poder, cultive-o.

2

O essencial para ser feliz é estar satisfeito com o que você é e com o que você tem no momento presente. Esse contentamento interior transformará o olhar que você dirige às coisas, e sua mente ficará em paz.

❧ 3 ❧

Quando uma pessoa o ferir, não hesite em perdoá-la. Pois, se você refletir sobre o que motivou o ato dessa pessoa, compreenderá que foi o sofrimento por que ela passa e não a vontade deliberada de feri-lo ou prejudicá-lo. Perdoar é uma conduta ativa baseada na reflexão e não no esquecimento. Perdoar é um ato responsável que se apoia no conhecimento e na aceitação da realidade das circunstâncias encontradas.

4

Dar aos outros, sem esperar nada em troca e não de modo irrefletido para obter prazer ou ser benquisto, é a ação que deixa mais feliz. A ética repousa no desejo de ajudar os outros. A única coisa que pode unir os seres sensíveis é o Amor.

26 Tara

Tara é a protetora suprema que nos preserva de todos os perigos.

Os budas

❧ 5 ❧

Agradeça a seus inimigos, eles são seus maiores mestres. Eles lhe ensinam a enfrentar o sofrimento e a desenvolver a paciência, a tolerância e a compaixão, sem esperar nada em troca.

6

Os adornos mais belos que você possui são o amor e a compaixão. Se você refletir sobre as condições que lhe permitem ser feliz e alcançar um estado de bem-estar, constatará que elas estão intimamente ligadas às qualidades humanas que você cultiva em seu interior e ao modo como funciona sua mente.

30 Pára-sol

O pára-sol, que nos protege dos raios de sol, evoca a capacidade da sabedoria em nos proteger da infelicidade.

Os oito símbolos auspiciosos

❦ 7 ❦

Não é possível haver desarmamento exterior sem desarmamento interior. Violência gera violência. Apenas a paz de espírito proporciona uma vida serena e não conflituosa. A desmilitarização mundial é um de meus sonhos mais caros. Apenas um sonho...

8

O sofrimento mental e afetivo que você sente é um guia infalível para indicar se o que você vive está certo ou errado. Compreender o sentido do que vivemos permite aliviar e superar o sofrimento sentido, o que supõe transformar o modo como funciona sua mente.

ᴈ 9 ᴈ

Deleite-se com a felicidade dos outros, pois assim cada ocasião torna-se um momento de felicidade para você. Deleite-se quando estiver feliz, pois não é possível amar o outro esquecendo-se de amar a si próprio, e amar o outro ajuda a desenvolver confiança e fé. O modo como você experimenta as circunstâncias de sua existência determina a forma (neutra, feliz ou infeliz) como você sente o que vive.

As protetoras do ensinamento

⇗ 10 ⇖

O amor e a compaixão afastam o medo de viver, pois, quando essas duas qualidades da mente se desenvolvem em nós, surge a confiança interior e o medo desaparece. É nossa mente que cria o mundo em que vivemos.

≈ 11 ≈

Aprender a disciplinar a mente permite viver em paz consigo e com os outros, e desenvolve o contentamento interior, quaisquer que sejam as circunstâncias encontradas. Nada nem ninguém pode tornar infeliz um homem cujo espírito é claro e livre de emoções conflituosas.

Padmasambhava

Considerado pelos tibetanos o segundo Buda, Padmasambhava é o principal introdutor, tanto histórico como mítico, do budismo no Tibete.

Os grandes mestres

≫ 12 ≪

Não podemos ser felizes se preferimos nossas ilusões à realidade. A realidade não é nem boa nem ruim. As coisas são como são, e não como gostaríamos que fossem. Compreender e aceitar isso é uma das chaves da felicidade.

☙ 13 ❧

O budismo ensina que o instante que precede a morte é essencial, pois ele é a derradeira preparação possível para a existência nos *bardos* – mundo intermediário entre a morte e o renascimento –, que se segue ao último suspiro. Viver esse instante com paz de espírito é algo preparado durante toda a vida dos praticantes, que então se concentram seja em um sentimento de bondade profunda, seja na relação do mestre com o discípulo, seja na vacuidade e na impermanência, para renascer em boas condições. O momento que precede a morte é muito importante, pois é nesse instante que tomamos as rédeas de nosso próximo destino.

Saber que a morte pode sobrevir a qualquer momento nos ensina a viver plenamente cada instante e a morrer em paz.

42 **Yeshe Tsogyal**

Yeshe Tsogyal é a manifestação da perfeição da sabedoria.

Os grandes mestres

⇘ 14 ⇙

A raiva, o ódio e a aversão precisam de um objeto para se manifestar, assim como o fogo precisa de madeira para inflamar. Quando deparar com condições adversas, seres que o provocam ou tentam prejudicá-lo, utilize a força da paciência para não se deixar levar por emoções "negativas". A paciência é uma força que resulta de sua capacidade de permanecer firme e inabalável, quaisquer que sejam as circunstâncias. Se você recorrer a ela, nada nem ninguém poderá perturbar sua paz de espírito.

❧ 15 ❧

Organizemos nossas vidas em função daquilo que apresenta um valor autêntico e dá sentido a nossas existências, e não segundo os prazeres e mundanidades que nos impelem a viver no exterior de nosso ser. Organizemos nossas vidas tendo em mente que nossa maior tarefa é servir os outros.

46   Estandarte da vitória

O estandarte da vitória lembra o triunfo do conhecimento sobre a ignorância.

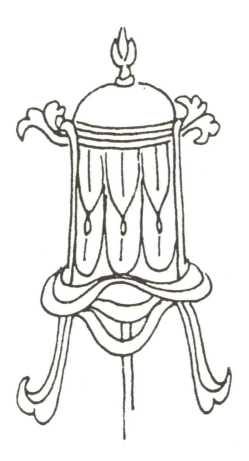

Os oito símbolos auspiciosos

⇜ 16 ⇝

Não há nem pequeno nem grande ato de bondade, pois cada ato de bondade contribui para construir a paz mundial. A única coisa que importa é dar ao outro e ficar feliz com a felicidade assim propiciada. A maior qualidade humana é o amor altruísta.

17

Não perca tempo com invejas ou com desentendimentos diversos. Medite sobre a impermanência a fim de tomar consciência do valor da vida. Alcançar a paz de espírito e do coração supõe mudar suas práticas mentais. Para não ficar louco quando deixar este mundo, aprenda a não se apegar às coisas como se as pudesse levar junto no momento da morte.

ᔰ 18 ᔰ

Não negligencie seu corpo nem lhe dê demasiada atenção, mas respeite-o e cuide dele como uma ferramenta preciosa, indispensável para sua mente alcançar a iluminação.

As protetoras do ensinamento

༄ 19 ༄

Os atos que você executa são reflexo de seus pensamentos e sentimentos. Não são em si mesmos nem positivos nem negativos, mas dependem da intenção que os fundamenta. É essa intenção que determina seu carma, a lei de causa e efeito que faz com que sua vida lhe pareça feliz ou infeliz.

≈ 20 ≈

Aprender a dar começa por renunciar a magoar os outros. Ao fazer isso, você também renuncia a se prejudicar, pois fazer mal aos outros é ferir antes a si mesmo.

⇜ 21 ⇝

É impossível deter o presente. Nada neste mundo dura, nada tem existência em si. Então, por que querer apreender e possuir os objetos dos sentidos que você experimenta no presente? Eles não têm realidade em si mesmos. São apenas o resultado de uma infinidade de causas e condições. Não são destinados a durar, já que se transformam a todo momento. Assim, não os detenha.

22

O desejo não dominado escraviza o espírito do homem e nunca o deixa descansar, pois a busca do prazer o leva a multiplicar as situações que lhe permitirão adquirir os objetos que cobiça no cotidiano. O desejo dominado e contido liberta o homem das circunstâncias encontradas, sejam elas felizes ou infelizes, e lhe propicia a paz de coração e de espírito.

56 **Vajradhara**

O Buda da vigilância pura, quintessência da felicidade.

Os budas

ཞ 23 ཞ

Cultivar a paciência ensina a desenvolver a compaixão por quem nos fere, sem no entanto aceitar que nos destruam. A compaixão é o melhor terapeuta do espírito. Ela o liberta de todas as amarras e da prisão das emoções conflituosas.

❧ 24 ❧

Incessantemente criamos nossa própria infelicidade por causa de nossa ignorância e de nossa falta de discernimento. Nosso espírito fica dividido entre o que amamos e o que rejeitamos. Agimos como se pudéssemos recusar as circunstâncias que se apresentam a nós. Esquecemos que nada dura e nada tem existência em si. Esquecemos que podemos morrer a qualquer momento.

Shri Singha

Um dos grandes mestres dos ensinamentos mais esotéricos da Grande Perfeição.

Os grandes mestres

~ 25 ~

O apego aos objetos dos sentidos torna o espírito ávido e doente. Possuir muitos bens não apazigua o espírito. Pense em todos cujo conforto material está assegurado até o fim da vida e que vivem deprimidos, angustiados, insatisfeitos, encerrados em si mesmos. Eles não sabem que doar proporciona uma grande alegria. Eles não sabem que possuir grandes riquezas de nada serve para dar um sorriso e assim fazer os outros felizes. Suas condições materiais são satisfatórias, mas não lhes trazem felicidade, pois a única coisa que pode melhorar as condições da vida interior, quaisquer que sejam os meios de que se disponha, é o trabalho sobre a mente.

❧ 26 ❧

Que eu possa contribuir, em cada instante de minha vida, para libertar os seres do sofrimento e de suas causas e ajudá-los a encontrar a felicidade e suas causas. Que eu possa me lembrar de que sentir compaixão pelos seres começa por sentir compaixão por si mesmo, e isso não tem nada de egoísta, já que estamos incluídos em todos os seres.

27

A convicção obtida graças à meditação analítica permite transformar a mente. Essa transformação requer que lhe dediquemos tempo e procedamos de modo quase científico. A observação das emoções que nos abalam e nos fazem agir são o material em que nos apoiamos para determinar os antídotos mais apropriados para o objetivo visado: libertar-se da ascendência das emoções perturbadoras para alcançar a iluminação. Lembre-se de que duas disposições contrárias não podem coexistir em seu espírito. Assim, se estiver com raiva de alguém, pense em desenvolver em você um sentimento de amor em relação a essa pessoa. Se o fizer nascer em você, ele afastará a raiva para longe de seu espírito. O amor é o antídoto da raiva.

As protetoras do ensinamento

≈ 28 ≈

Tudo é impermanente, por isso temos a possibilidade de transformar nosso espírito e as emoções perturbadoras que o animam. O ódio ou a raiva, por exemplo, aparecem em função das circunstâncias. Portanto, eles não têm realidade por si mesmos, não existem de modo permanente no espírito, e então é possível dominá-los, transformá-los e eliminá-los. Para fazer isso, é importante restituí-los a seu contexto, analisar as circunstâncias que os levaram a se manifestar e compreender seu sentido. Alcançar um estado de felicidade duradouro supõe purificar seu espírito de toda emoção negativa.

☙ 29 ❧

O sofrimento não é nem absurdo nem inútil, mas o resultado do carma, a lei de causalidade que rege o ciclo das existências. É difícil compreendê-lo sem acreditar no fenômeno dos renascimentos. Os pensamentos e ações produzidos ao longo de nossas vidas sucessivas geram consequências positivas ou negativas dependendo das motivações que os suscitaram. Esse princípio também é verificado quanto aos povos e países. O que aconteceu a meu povo e ao Tibete é resultado do carma. O que não impede em nada a luta para que os direitos humanos sejam respeitados no Tibete, assim como a cultura milenar, a filosofia e a religião que caracterizam nossa civilização. Não se deve confundir carma com fatalidade, mas tirar as lições do que vivemos para agir de modo positivo e responsável.

68   Os dois peixes dourados

Livres na água e reproduzindo-se rapidamente, os dois peixes simbolizam a prosperidade e a felicidade.

69

Os oito símbolos auspiciosos

☙ 30 ☙

Como desenvolver a paz no mundo se não nos esforçamos para respeitar a natureza? Estamos todos unidos, homens e animais, pelo desejo comum e universal de não sofrer e de encontrar condições de vida que proporcionem bem-estar e paz. É importante lembrar-se disso, pois esse desejo de escapar ao sofrimento é um direito fundamental de todos os seres sensíveis. Para promover isso, devemos nos esforçar para nos aperfeiçoar, a fim de servir de exemplo para os outros.

ॐ 31 ॐ

A prática da compaixão é o cerne do caminho budista. Desenvolver essa qualidade é essencial, pois ela nos permite agir, com justeza, para o bem do outro e ajuda a não criarmos novas fontes de sofrimento para nós mesmos e para os outros nem, portanto, carma "negativo". A compaixão é um sentimento profundo que se manifesta em relação a quem sofre, sem distinção. Ela nasce do desejo profundo de ajudar os outros. No budismo, para renovar a força desse desejo, repetimos todos os dias este voto: "Que eu possa ajudar todos os seres sensíveis a se libertar do sofrimento e de suas causas e encontrar as causas e condições que os ajudarão a alcançar a iluminação."

72 Vajrasattva

O Buda da pureza fundamental.

Os budas

ॐ 32 ॐ

Todos queremos ser felizes, ninguém quer sofrer; é importante compreender isso se desejamos transformar nossa mente. Quando tomamos consciência dessa realidade, um grande carinho e um amor infinito pelo próximo se manifestam espontaneamente em nosso espírito. Mas tudo isso só será possível se formos igualmente capazes de sentir amor e respeito por nós mesmos. É ilusório acreditar que podemos amar os outros se nos detestamos e renegamos o que somos.

ཞ 33 ཞ

O princípio chamado de interdependência dos seres e dos fenômenos ensina que estamos o tempo todo ligados aos outros, à natureza e ao cosmo. Somos interdependentes, o que explica por que somos responsáveis pelo que pensamos e vivemos e por nosso mais ínfimo ato, pois eles influenciam o resto do universo. Ademais, devido a essa interação constante entre tudo o que existe, temos o dever de ajudar todos os seres sensíveis a se libertar do sofrimento e a encontrar as causas da felicidade. Ajudar todos os seres significa que devemos agir também sobre as causas dos sofrimentos que nos concernem diretamente. Isso é compreender bem a interdependência.

34

Cabe a cada um, ajudado ou não por seu mestre, determinar a forma de prática que mais lhe convém, a mais adequada a suas necessidades específicas. Esse critério é essencial para chegar à transformação interior, à paz de espírito e ao desenvolvimento das qualidades positivas, que farão dele um bom ser humano. Por conseguinte, é capital que os mestres religiosos ensinem segundo a inclinação espiritual e a disposição mental de cada um, como fez o Buda Sakyamuni em sua época. Assim como você não come do mesmo modo que seu vizinho – cada um come de acordo com sua própria constituição física –, o mesmo ocorre no que diz respeito aos alimentos espirituais.

⇗ 35 ⇖

Nossa felicidade depende da felicidade dos outros, por isso é importante fazer de tudo para tornar os outros felizes. Às vezes, sentimo-nos impotentes para tanto ou para ajudar, mas o importante é não desanimar e continuar a agir de modo positivo, pois assim desenvolvemos em nós a capacidade de gerar um amor altruísta autêntico que leva a alcançar a paz de espírito.

78 Vimalamitra

Um dos sábios indianos que foram ao Tibete transmitir os ensinamentos da Grande Perfeição.

Os grandes mestres

ॐ 36 ॐ

Se ajudar os outros lhe parecer difícil, aja como os egoístas inteligentes, lembrando-se de que fazer o bem aos outros propiciará melhores relações com outrem e contribuirá para estabelecer condições favoráveis a você, que o tornarão sereno e feliz.

ॐ 37 ॐ

Os diferentes métodos de gerar a compaixão devem ser desenvolvidos ao mesmo tempo que o conhecimento e a sabedoria, a fim de agir de modo justo e adequado. O conhecimento e a sabedoria são indispensáveis à compreensão da verdadeira natureza das coisas, o que constitui a natureza fundamental do espírito. Um juízo correto do que você sente ou vive só poderá ser feito se você observar um objeto ou uma situação sob diferentes ângulos, para encontrar uma resposta adequada e sensata, que permitirá superar toda reação e emoção negativa.

༄ 38 ༄

Para alcançar a iluminação, é importante ter uma percepção correta da realidade. No budismo, recorremos a duas noções para apreender mais facilmente essa realidade; trata-se do que chamamos de duas verdades, a verdade relativa e a verdade absoluta. A verdade relativa é aquilo que percebemos principalmente com nossos sentidos. A verdade absoluta é indescritível, pois se situa para além dos conceitos. Essas duas verdades são complementares, indissociáveis e indispensáveis uma à outra, assim como as duas asas de um pássaro são necessárias para o voo, segundo os ensinamentos. A realidade é a consideração dessas duas verdades.

As protetoras do ensinamento

༄ 39 ༄

Em geral, percebemos a natureza das coisas de maneira equivocada. A diferença entre o que realmente é e o que percebemos é fonte de sofrimento. Se transformarmos nossa mente, aprenderemos a ver a realidade tal como ela é, sem a interpretar, no momento presente. Deixaremos de apreendê-la em função de nossas projeções. É uma condição fundamental para desenvolver a paz de espírito.

≽ 40 ≼

Diante do sofrimento dos outros, pode acontecer de ficarmos angustiados e de sermos invadidos por esse sofrimento, o que apenas aumenta nossas próprias dificuldades. Sentir as coisas dessa forma não é de modo algum experimentar a compaixão. Quando a compaixão é autêntica, em vez desse mal-estar, dessa aflição, somos tomados por uma imensa coragem. O desejo de fazer tudo para aliviar o sofrimento dos outros torna-se imediatamente mais importante que nossos próprios sofrimentos. Agir por compaixão proporciona uma alegria infinita.

86 Vairochana

Vairochana tem em suas mãos a roda, símbolo do ensinamento graças ao qual ele purifica a consciência dualista.

Os budas

∻ 41 ∻

Os objetos compostos estão destinados a desaparecer, são impermanentes, momentâneos e provisórios. O mesmo acontece com nosso corpo, mas com frequência nos esquecemos disso, pois somos apegados a ele. Tomar consciência disso causa, para algumas pessoas, grande sofrimento. Apreender o que é a verdadeira natureza das coisas permite aceitar o fato de que nada existe em si e ajuda a compreender que a natureza do sofrimento é, ela também, efêmera, transitória e não tem existência em si. O que é muito animador quando deparamos com situações de vida difíceis e penosas ou quando passamos por provações.

≫ 42 ≪

Alguns desejos ou aspirações são aceitáveis num caminho espiritual. É o caso, por exemplo, de um praticante do darma que deseja aprender a dominar sua mente. Ou o de alguém que acredita em Deus e tem o desejo de Lhe agradar. Esses desejos são legítimos. Em contrapartida, o mesmo não pode de modo algum ser dito dos desejos que se referem a objetos exteriores e levam a mente a produzir apego ou emoções negativas. É importante colocar limites a esse tipo de cobiça ou de dependência. É ilusório achar que um dia o mundo exterior possa saciar nossos desejos.

Concha

A concha é o símbolo da glória do ensinamento de Buda, que se propaga em todas as direções como o som de uma trompa. A concha é, de fato, utilizada com frequência como instrumento musical.

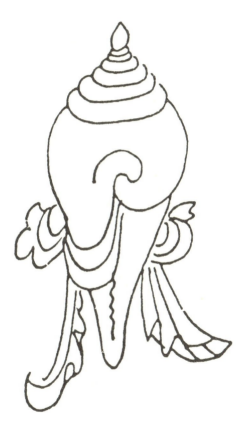

Os oito símbolos auspiciosos

ॐ 43 ॐ

Os tibetanos zelam para que, desde a concepção da criança e durante toda a gestação, a mãe permaneça calma, feliz e em paz, para seu filho se desenvolver harmoniosamente. No Ocidente, cada vez mais pessoas recomendam esse tipo de atitude e sabem que uma mãe ansiosa, enraivecida, ávida e ciumenta submete o feto a más influências. Também recomendamos que, quando possível, a mãe amamente o filho, pois o leite simboliza o afeto humano. O essencial é o carinho que liga a mãe ao filho. Estudos médicos já demonstraram que o carinho físico para com um bebê tem um papel muito importante no desenvolvimento do cérebro.

✦ 44 ✦

Trabalhar sobre a mente às vezes pode parecer difícil aos ocidentais no contexto de sua vida moderna e ativa. O importante é a força de determinação, pois ela gera uma enorme disposição para colocar imediatamente mãos à obra, quaisquer que sejam as circunstâncias encontradas. Assim, se realmente houver vontade, será plenamente possível transformar a mente e continuar envolvido com o trabalho, com a vida familiar e com as atividades e tarefas cotidianas.

❧ 45 ☙

Mudar nossa mente, desenvolver qualidades de amor e de compaixão e transformar-nos depende principalmente da força de nossa determinação. Para aumentá-la e suscitá-la, é necessário voltar nosso próprio olhar para o interior, analisarmo-nos atentamente, cultivar nosso desejo de transformação e estudar. Graças à inteligência, fortalecemos essa disposição positiva, e a sabedoria a acompanhará. Essa conduta repousa, pelo menos no início do caminho, na sabedoria e na razão.

As protetoras do ensinamento

☙ 46 ☙

O cotidiano no mundo do trabalho absorve muito, mas isso em geral não impede as pessoas de se divertirem, passearem ou viajarem no fim de semana e nas férias. Se você realmente deseja se transformar, sempre encontrará tempo para isso. Basta desejar profundamente.

∾ 47 ∾

No início, quando começamos a seguir o caminho da evolução espiritual, pode parecer difícil. Depois adquirimos experiência e pouco a pouco o desejo e a determinação de prosseguir esse caminho aumentam. Eles se tornam mais constantes e mais consistentes, o que nos ajuda a transformar nossa mente em todas as circunstâncias, seja no trabalho, na família ou nas diversas atividades cotidianas. Assim que nos tornamos mais vigilantes, ficamos mais presentes. Esse modo de agir se reflete em nossas atividades e atitudes em relação aos outros.

Praticar o darma é trabalhar, a todo instante, para se aperfeiçoar utilizando seu tempo com ciência.

Jamgon Mipham

Um dos membros do renascimento do budismo no século XIX que procurou superar todo sectarismo.

Os grandes mestres

≈ 48 ≈

Se você inveja um colega que é mais bem-sucedido do que você ou alguém que adquiriu um objeto de valor, transforme sua mente encontrando o antídoto que é o contrário dessa emoção negativa. Será preciso, então, aprender a deleitar-se, a ficar contente com a felicidade que essa outra pessoa sente.

49

Não há limites a nossos desejos quando nossas aspirações se referem ao conhecimento da mente e à possibilidade de desenvolver nossas qualidades humanas. Podemos desejar isso de modo ilimitado, sem nunca nos satisfazermos com as transformações realizadas. Pois como desenvolver o bastante a compaixão, o amor e a tolerância?

A aspiração a desenvolver essas qualidades interiores deve ser profunda, livre e ilimitada.

Akshobhya

Akshobhya segura um *vajra*, cetro símbolo da indestrutibilidade. Ele é o inabalável. Nada pode impedir sua serenidade.

Us budas

ҙ 50 ҙ

Devemos estar vigilantes quanto à natureza de nossa motivação. Se ela for benevolente, induzirá nosso corpo, nossa palavra e nossa mente a ações de mesma natureza. Mudar nossas práticas mentais é fundamental para conseguir transformar nossa mente e as ações que dela provêm. É, por exemplo, essencial evitar prejudicar alguém, estar atento para não sentir orgulho ou inveja, e não estar constantemente preocupado com as perdas e ganhos; pois, quando essas emoções negativas deixam de nos invadir, nossa atitude muda, ficamos mais altruístas, e nossa conduta social torna-se, então, benéfica para os outros.

≈ 51 ≈

Cada ser tem uma natureza e disposições diferentes, por isso é difícil dizer o que pode ser mais útil para todas as pessoas. No entanto, é possível recomendar a todos os seres que cultivem a mente da iluminação, o pensamento altruísta, que se aperfeiçoem para ajudar os outros e que meditem sobre a impermanência em todas as suas formas.

A impermanência "grosseira", evidente, que se manifesta nos aspectos materiais da existência; a impermanência "sutil", que a todo instante se produz em nós, em torno de nós, em nossa mente. Meditar sobre a impermanência permite compreender a verdadeira natureza do sofrimento, o que ajuda a não mais se submeter às condições e causas que geram efeitos negativos em nossas vidas e a desenvolver a paz de espírito.

52

Damos grande importância ao passado e ao futuro. Vivemos como se eles existissem constantemente e esquecemo-nos de viver o momento presente. Entretanto, o essencial é viver no momento presente, pois é o único momento em que podemos realmente agir para transformar nossa mente desenvolvendo as emoções positivas que nos permitirão ajudar os outros.

✿ 53 ✿

A meditação e a reflexão nos ajudam a apreender melhor o presente, a vivê-lo com mais serenidade e a ser menos obcecados pelas coisas que nos agradam ou nos desagradam projetando-nos no passado ou no futuro. Quando defrontamos um problema, é preciso atribuir-lhe seu justo valor. Se há uma solução, deve-se aplicá-la imediatamente. E, se não há solução, inquietar-se não adianta nada, a não ser para aumentar nosso mal-estar. Então, por que se martirizar?

Se analisarmos as causas e condições que levaram a tal situação, veremos que são incalculáveis. Desenvolver uma visão mais global do que vivemos permite não atribuir nossa infelicidade ou nossa felicidade a uma causa ou a um ser único, o que possibilita analisar melhor o que nos acontece e nos tornarmos menos dependentes das condições exteriores.

༄ 54 ༄

Os pensamentos e as emoções negativas escondem a verdadeira natureza de nossa mente, a natureza luminosa. Eles são numerosos e nos levam aonde desejarem se não os dominamos. Sendo budistas ou não, é possível refletir e indagarmo-nos se podemos realmente dizer que "há um 'eu' que pensa 'eu'".

Da mesma forma, existe realmente um "eu" e um "ego" em algum lugar? Graças à prática ou à reflexão, também podemos aprender a diferenciar a pessoa que sente uma emoção (por exemplo, inveja, raiva ou ódio) da própria emoção que a invade. Portanto, pouco a pouco, fica mais simples identificar o que acontece em nós e dissociar nossa mente daquilo que a anima, o que ajuda a domá-la.

As protetoras do ensinamento

᎒ 55 ᎒

Se, quando estamos tensos, ansiosos, e não conseguimos nos controlar, olharmos e observarmos esse "eu" ansioso que nos domina, se procurarmos saber qual é sua verdadeira natureza, essa introspecção poderá ajudar a diminuir nossa angústia.

☙ 56 ☙

Compreender o que é a relação de interdependência dos seres e dos fenômenos ajuda a desenvolver a não-violência e a paz, a um só tempo no mundo e nos seres. A interdependência é um dos princípios fundamentais do ensinamento budista. Qualquer coisa, qualquer ser só existe em interdependência com os outros e o resto do mundo. Nada existe em si, mas tudo depende de uma série de causas e condições também elas interdependentes.

112   Flor de lótus

Mesmo nascendo na lama, a flor de lótus se ergue habitualmente vinte ou trinta centímetros acima da água. Por essa razão, ela é o símbolo da pureza que não é alterada por nada.

Os oito símbolos auspiciosos

ॐ 57 ॐ

Os fenômenos mudam continuamente devido à interdependência dos seres e dos fenômenos. Mudamos constantemente devido a causas e condições interdependentes. Com frequência, tendemos a atribuir a responsabilidade de um acontecimento, bom ou ruim, a uma única causa principal.

Então, empregamos todos os esforços para obter ou destruir essa causa, conforme a consideremos benéfica ou prejudicial.

Esse tipo de atitude mostra que não estamos conscientes do que é o princípio de interdependência dos seres e dos fenômenos.

☙ 58 ☙

Nunca é uma única causa ou pessoa que está na origem de nossa felicidade ou infelicidade. Para conceber isso, é importante ter uma visão global, holística, das coisas e ampliar nossa compreensão da realidade, a fim de ver que o que vivemos é resultado de uma infinidade de causas e condições interdependentes.

Por conseguinte, é inútil, por exemplo, culpar uma pessoa como se, sozinha, ela tivesse o poder de provocar uma situação dolorosa para nós. Por isso, é necessário mudar o tipo de comportamento que nos faz dizer "é culpa do outro", ou então "é culpa das circunstâncias".

Essa maneira de apreender a realidade é equivocada. Somos os responsáveis pelo que acontece de bom ou de ruim em nossas vidas. É a lei do carma, a lei de causa e efeito, que se aplica a todos de modo idêntico. Compreender e aceitar isso ajuda a desenvolver a paz de espírito.

116   Ratnasambhava

Ratnasambhava é o Buda da generosidade. Ele segura uma jóia que realiza todos os desejos.

117

Os budas

⤳ 59 ⤳

Diz-se que quem tem o espírito limitado carece de sabedoria. Se tiver uma visão mais ampla, será considerado um sábio. É a compreensão da interdependência associada à sabedoria e ao conhecimento o que desenvolve nosso espírito e ajuda a nos distanciarmos do que vivemos, de maneira consciente.

≫ 60 ≪

Falar da interdependência e compreender o que é esse princípio é descrever a verdadeira natureza das coisas e ver como funciona a realidade. Isso leva à modificação da maneira de perceber o mundo e à mudança de nossos hábitos e condutas.

Assim, quando vivemos uma situação dolorosa, por que afundar na angústia pensando que é injusto? Em vez disso, pense em todas as pessoas que atravessam esse tipo de dificuldade, e você então desenvolverá uma visão mais ampla das coisas.

Ofereça seu apego ao sofrimento sentido para ajudar todos os que passam por esse mesmo tipo de sofrimento a se libertar dele. Embora no início pareça difícil de fazê-lo, isso obriga a ser menos egoísta, e pouco a pouco constata-se a sensação de uma real paz de espírito.

Esse tipo de prática também pode ser realizado quando sentimos uma grande felicidade. Oferecemo-la, então, para o bem de todos os seres.

O quinto Dalai-Lama

Misturando por toda sua vida, com rara sutileza, a política, a espiritualidade, a arte e o conhecimento do gênero humano, o Grande Quinto foi um dos grandes chefes de seu país.

Os grandes mestres

ॐ 61 ॐ

A sabedoria permite conceber o que é a interdependência. Já o conhecimento nos ajuda a apreender o que é a verdadeira natureza das coisas. Ao manter isso em mente e desenvolver a compaixão e o amor altruísta, torna-se evidente que sentir amor e compaixão por outrem faz bem não apenas para os outros, mas também para nós mesmos, e, inversamente, se prejudicamos os outros, prejudicamos a nós mesmos.

No primeiro caso, há dois ganhadores. No segundo, dois perdedores.

✣ 62 ✣

Compreender a interdependência é muito importante para entender o terrorismo e o fanatismo. Acredita-se que livrar-se deles resolverá o problema. Sem dúvida, é impossível ignorar a gravidade dos fatos perpetrados por extremistas, e seria um erro fazê-lo. Mas é preciso compreender que essas ações originam-se de inúmeras causas e condições. Um número impressionante de razões contribui para a formação desse tipo de atitude. Algumas pessoas muito aferradas à sua tradição religiosa têm, com frequência, pontos de vista fechados, que mascaram a realidade e determinam sua atitude.

Uma visão mais ampla e mais lúcida das coisas, no curto e no longo prazo, as tranquilizaria e as reconfortaria, o que, por conseguinte, as ajudaria a adotar outras formas de conduta.

༄ 63 ༄

É importante estabelecermos uma disciplina pessoal, com o objetivo de nos transformar interiormente. Essa disciplina não deve, de modo algum, ser imposta de fora, mas deve nascer de nossa compreensão das coisas e da consciência dos benefícios que dela obteremos se decidirmos aplicá-la.

As protetoras do ensinamento

༄ 64 ༄

Para nos aperfeiçoarmos em um ofício ou para adquirirmos conhecimentos, estamos dispostos a passar nosso tempo estudando ou trabalhando. Refletimos sobre o que é prioritário, sobre o que é mais importante para nós e, então, fazemos o esforço necessário para alcançar esse objetivo ou realizar essa aspiração. A mesma coisa deve ser feita na vida espiritual, escolher uma disciplina pessoal.

≫ 65 ≪

Somos todos seres humanos, temos as mesmas aspirações. Sou como você. Quando encontro certas dificuldades, também tento olhar para o interior de minha mente, analisar o que está acontecendo, a fim de encontrar alguma serenidade. É uma coisa positiva que todos podemos fazer.

Vivemos em países onde as condições materiais, a tecnologia e o conforto estão atualmente muito desenvolvidos, mas não devemos colocar nossas esperanças de felicidade unicamente fora de nós.

O bem-estar, a serenidade e a paz se desenvolvem em nosso espírito. É indispensável buscar as condições interiores que os favorecem.

❧ 66 ❧

Devemos procurar alcançar um bem-estar duradouro. É fácil dissipar momentaneamente nossas inquietações. Por exemplo, bebendo uma cerveja gelada ou ficando alegre por ter ingerido muita bebida alcoólica. Mas essa alegria será passageira, ilusória, e as preocupações continuarão.

Para estabelecer um bem-estar constante, é preciso transformar o modo como funciona nossa mente. É o conselho que dou a todos os meus amigos.

67

Para transformar a mente, não é necessário adotar uma religião. Esse processo é possível para todos os seres humanos, devotos ou não. Uma tradição espiritual pode fornecer os meios para alcançar esse objetivo, mas não é um caminho indispensável.

Exatamente por essa razão, falo, com frequência, de uma "ética secular", que pode se aplicar a todos os seres, devotos ou não.

130 Amitabha

Amitabha manifesta a luz infinita da compaixão.

Os budas

☙ 68 ☙

Todos os particularismos religiosos ou culturais devem ser superados para que todos os seres possam se reconhecer em uma ética laica que seria baseada em princípios humanos universais.

Seria, então, uma verdadeira revolução espiritual, apoiada em qualidades humanas como a compaixão, o amor, a tolerância, o respeito e o senso de responsabilidade.

❧ 69 ❧

Fazer o bem aos seres, não lhes fazer mal e não lhes prejudicar é o que define o fundamento da ética segundo o budismo. É a base de uma conduta não violenta, da compaixão e do amor altruísta. Se o objetivo final é efetivamente fazer o mais possível o bem aos outros, causar um grande benefício a outrem, é importante fazer todo o possível, a todo momento, para desenvolver essa capacidade.

134 Nó sem fim

O entrelaçamento das linhas sem fim lembra como todos os fenômenos são interdependentes.

Os oito símbolos auspiciosos

70

A disciplina (*shila*) é um dos fatores que contribuem para alcançar a iluminação com a meditação (*samadhi*), o conhecimento ou a sabedoria (*prajna*). Esses diferentes elementos são complementares.

A ausência de ética se traduz principalmente em um jeito de ser que prejudica os outros. Agindo assim, não apenas fazemos mal aos outros, mas também plantamos as sementes de nosso próprio sofrimento. Devemos ter consciência clara disso a fim de desenvolver uma disciplina ética baseada no conhecimento e na sabedoria. O aspecto mais elevado da ética é considerar que a felicidade de outrem é mais importante que a nossa.

71

As emoções perturbadoras que obscurecem nosso espírito impedem-no de refletir sobre as consequências de nossos atos e nos impelem a nos conduzir de modo negativo para com os outros. Transformar o espírito supõe eliminar completamente os fatores mentais destrutivos que nos habitam.

Para nos auxiliar, podemos meditar e refletir sobre os benefícios que obteríamos de uma ética correta e do abandono da preocupação egoísta que acalentamos. Assim, aprendendo a dirigir nossa atenção e nossos pensamentos para os outros de maneira positiva, alcançamos o objetivo final da ética, que é fazer o bem a todos os seres. Mas tudo isso só será possível se nos apoiarmos na disciplina que nos ajuda a ter uma conduta correta, justa e sincera.

138   Rangjung Dorje

O terceiro Karmapa foi um dos principais hierarcas do Tibete. Foi célebre por seu grande espírito de abertura.

Os grandes mestres

≽ 72 ≼

Somos capazes de desenvolver afeição, amor e compaixão por outrem se tomamos consciência de que possuímos em nós uma infinita capacidade de sentir ternura. Todos podemos sentir essa inclinação pelos outros que se manifesta de modo espontâneo e natural entre uma mãe e seu bebê. Sem ela, não poderíamos sobreviver depois de nascermos. É um sentimento inerente a todos os seres humanos, por isso todos temos a possibilidade de sentir ternura.

ॐ 73 ॐ

Um aspecto da ética negligenciado com muita frequência, e no entanto muito importante, é a conduta em relação a si mesmo. Não devemos prejudicar os outros, nem nos prejudicar. Não podemos fazer o bem aos outros se nos odiamos! Devemos nos dar conta de que todos desejamos profundamente alcançar a felicidade, e de que essa aspiração é legítima. Reconhecer isso e propiciar a si mesmo os meios para ser feliz permite apoiar-se sobre esse sentimento a fim de aumentá-lo e vivê-lo em relação a todos.

Assim, quando fazemos o voto do bodisatva, que consiste em desejar querer ajudar todos os seres a alcançar a iluminação, devemos começar fazendo esse desejo para nós mesmos.

༄ 74 ༄

Pode acontecer de fazermos mal a outrem sem percebermos. As repercussões cármicas que então originamos não são as mesmas que ocorrem quando cometemos intencionalmente um ato negativo. É a motivação com que agimos que determina as repercussões cármicas que nossos atos e pensamentos suscitam.

As protetoras do ensinamento

75

Às vezes, no plano das consequências cármicas, a motivação é mais importante do que o ato em si. Por exemplo, se temos intenção de prejudicar alguém, mas, exterior e momentaneamente, decidimos não proferir palavras duras e contundentes, isso não elimina o fato de que, interiormente, nossos pensamentos em relação àquela pessoa exprimem-se com violência. Na realidade, sentimos vontade de prejudicar e nossa conduta é hipócrita. Existe, então, uma contradição entre nossos pensamentos e nossas ações. O que de fato importa, do ponto de vista do budismo, da ética e do carma, é a motivação que preside a esses pensamentos.

ॐ 76 ॐ

O Buda disse: "Somos o que pensamos, com nossos pensamentos criamos o mundo." Uma conduta e uma ética justas vão, portanto, influenciar o mundo de modo positivo, o que não significa que as coisas sejam apenas projeções do espírito.

A forma como percebemos o mundo é uma projeção, uma construção da mente, específica a cada um. O exemplo disso é que um mesmo objeto pode ser considerado bonito por uma pessoa e feio por outra. Os ensinamentos dizem que nossa maneira de perceber o mundo é resultado do conjunto de nossos carmas acumulados durante inúmeras vidas. Pode-se dizer, então, que o mundo tal como o vemos, na condição de seres humanos, é reflexo das experiências cármicas que atravessaram nossa consciência durante nossas inúmeras vidas.

146 Amogasiddhi

Amogasiddhi encarna a sabedoria da ação justa. Ele é movido exclusivamente pelo desejo de ajudar os seres.

Os budas

77

É preciso confiar no ser humano. Ele é profundamente bom e compassivo já que possui, em potencial, a natureza do Buda. Essa constatação em nada impede ser lúcido e ver as emoções conflituosas que podem habitá-lo e fazê-lo agir.

❧ 78 ❧

O bom senso, a experiência, a observação e a medicina reconhecem que um espírito apaziguado, não violento, permite viver de modo mais harmonioso e tranquilo. A animosidade, o ódio e a obsessão podem acarretar graves consequências ao corpo e degradar um estado natural de boa saúde. Inversamente, uma atitude serena e tranquila agirá de modo positivo na evolução de uma doença.

✺ 79 ✺

Nossa felicidade e nosso sofrimento estão intimamente ligados à felicidade e ao sofrimento de todos os seres. Conscientizar-se dessa interdependência leva naturalmente a desenvolver um sentimento de afeição, de abertura e de ternura para com os outros. Todos podemos experimentá-lo, isso não tem nada a ver com posições teóricas preconizadas por escolas filosóficas ou por tradições religiosas.

≈ 80 ≈

É importante observar os pensamentos e as emoções negativas para não cair em seu poder quando alguns desejos ou perturbações se manifestam em nossa mente. Tomar consciência de sua existência permite evitar cometer ações cujos efeitos produzam carma negativo. Se, por exemplo, alguém o insultar e você reagir imediatamente por raiva, você será "manipulado" pela raiva que sente e não refletirá sobre a melhor atitude que conviria adotar em tal circunstância. Portanto, você não está livre de suas próprias armadilhas.

❧ 81 ❧

Ter uma disciplina pessoal não corresponde a se dizer: "Não devo fazer isso ou aquilo pois é proibido", mas implica sobretudo refletir sobre as consequências de seus pensamentos e atos no curto, médio e longo prazo, a fim de compreender que certas ações não podem ser executadas porque causam sofrimento para si e para outrem. Essa forma de disciplina se assenta no raciocínio e na análise, é mais fácil de ser aplicada do que uma disciplina que se assenta apenas no medo à polícia.

Assim, a verdadeira disciplina se baseia na compreensão das derradeiras consequências de nossos atos.

As protetoras do ensinamento

↔ 82 ↔

A ética é convocada a desempenhar um papel cada vez mais importante nas sociedades modernas. Ao contrário do que acontecia antes, os meios de comunicação e o público estão vigilantes para que pessoas públicas, políticos, médicos, cientistas, juízes e outros se conduzam de modo ético. Se isso não ocorre, o público e os meios de comunicação denunciam vigorosamente tal conduta. Esse tipo de reação leva quem participa da vida pública a tentar agir com mais ética e menos hipocrisia.

～ 83 ～

Nas sociedades democráticas, onde se gozam liberdades, o papel dos meios de comunicação é importante. Eles devem tentar, com objetividade, veicular os grandes valores humanos. Sempre digo que eles devem ter uma tromba de elefante que vai farejar todos os lugares para denunciar as injustiças e o que está errado na sociedade. Mas tudo isso deveria ser feito sem esquecer de ressaltar, por outro lado, coisas positivas que acontecem nesse mundo. Em geral, quando ocorre uma catástrofe, isso se torna uma "notícia", e a tendência é falar muito dela. As notícias trágicas ou deprimentes invadem os meios de comunicação, de modo que tudo o que concerne a ações positivas e altruístas, todas as obras extremamente benfazejas realizadas cada dia no mundo inteiro são menos considerados. É uma pena, pois as ações positivas inspiram as pessoas. Falando apenas dos aspectos negativos da natureza humana, acaba-se duvidando que ela seja boa.

༄ 84 ༄

Os cinco sentidos contribuem para suscitar as emoções no homem. Por essa razão, a música, a pintura e a arte sagrada em geral têm uma influência sobre nossas emoções e podem nos ajudar a transformar as emoções negativas em positivas.

É principalmente o caso da música, que tem a virtude de nos conectar com níveis mais profundos de nosso ser.

❧ 85 ❧

De modo geral, é importante compreender que é preciso evitar prejudicar os outros por toda forma de violência. Posto isso, pode muito bem acontecer, em casos específicos, que um mal menor possa evitar um maior. Não podemos, portanto, aplicar regras gerais de maneira absoluta, mas devemos sempre avaliá-las em função da situação que se apresenta concretamente a nós. Trata-se então, no fim das contas, de fazer, para cada caso, o balanço em termos de sofrimento e de bem-estar, para que seja causado o menor sofrimento possível.

158 Samantabhadra

O Buda das origens, da abertura primordial.

Os budas

❧ 86 ❧

Tudo é uma questão de motivação, inclusive no que diz respeito à ciência. Utilizar os avanços da genética para curar os doentes merece congratulações. Utilizar os avanços da genética para prejudicar outrem é um ato de violência.

87

Quando falo de espiritualidade, não falo necessariamente de espiritualidade religiosa. Não devemos esperar que apenas os objetos exteriores nos tragam bem-estar e felicidade, também devemos nos preocupar com o modo como funciona nossa mente, com o objetivo de transformá-la. Para mim, a espiritualidade é isto: pensar e agir de modo altruísta.

Uma revolução espiritual não se originará de condições e progressos exteriores, de computadores, de modificações ou manejos feitos ao cérebro, mas do que somos no interior, do desejo profundo de mudar para nos tornarmos um ser humano melhor. É para isso que devemos trabalhar, pois só assim poderá acontecer uma revolução espiritual.

Roda do darma

A roda, símbolo de completude e perfeição, encarna a aspiração a que o ensinamento de Buda se propague em todas as direções para o bem de todos os seres.

Os oito símbolos auspiciosos

ॐ 88 ॐ

As emoções negativas surgem de nossa mente, influenciam-na e a dominam, tornando o homem escravo do que elas são... A maioria aparece e desaparece tão subitamente quanto se manifesta. O que não significa que não se deva temer seu poder, terrivelmente destruidor para si e para os outros. O budismo propõe inúmeros métodos para canalizá-las e transformá-las assim que aparecerem, mas é necessário estar consciente do que acontece em nós. Tal esforço só poderá ser feito se compreendermos suas razões. É essa a diferença que há entre uma disciplina escolhida, que permite evoluir na direção desejada, e uma disciplina imposta, contra a qual a maioria dos seres mais cedo ou mais tarde se revolta. Dominar a mente supõe, portanto, analisar os motivos que nos levam para esse caminho, a fim de aumentar a confiança e a fé.

❧ 89 ❧

Acabar com o carma, lei de causas e efeitos que rege o ciclo das existências, supõe acabar com a ignorância fundamental que comanda o conjunto de nossas vidas. É da ignorância que decorrem, principalmente, o desejo, o ódio, a inveja e a cobiça, assim como todas as emoções negativas que dominam nossa mente e a mantêm escrava até termos alcançado a iluminação e termos nos libertado de todo sofrimento. Isso merece nossa reflexão para que nos esforcemos a fim de sair dessa confusão.

166 **Longchen Rabjam**

Um dos grandes sábios do século XIV, cujos textos ainda são muito estudados e comentados.

Os grandes mestres

҈ 90 ҈

A verdadeira prática não se manifesta nos lugares de culto, mas no exterior, no mundo, onde podemos nos confrontar com situações da vida real e com pessoas que podem suscitar ódio, amor, compaixão, desejo...

Praticar uma religião não consiste apenas em rezar, mas também em desenvolver as emoções positivas, como o amor altruísta, a compaixão, a bondade, a generosidade, o senso de responsabilidade, e em dar prodigamente, sem esperar nada em troca, a quem nos cerca, amigos e inimigos.

❧ 91 ❧

Para superar as emoções negativas, devemos utilizar nossa inteligência e desenvolver nossos conhecimentos, para fortalecer, graças a eles, nossas emoções positivas, tais como a compaixão, a bondade, a fé e a benevolência.

Será somente desenvolvendo, paralelamente a essas emoções positivas, a sabedoria e o conhecimento que poderemos não apenas superar nossas emoções negativas, mas também eliminá-las.

~ 92 ~

Os sofrimentos mentais podem ser muito maiores que os sofrimentos físicos. Uma pessoa doente ou que vive em condições precárias poderá ser feliz, apesar de suas condições difíceis, se seu espírito estiver tranquilo e sereno. Na pior das hipóteses, ela poderá tentar fazer com que essa situação não a incomode demais, apenas o mínimo possível.

Em compensação, isso é impraticável para uma pessoa que vive em um ambiente harmonioso e cujo espírito é agitado por emoções conflituosas. O mais importante para viver feliz é a paz de espírito.

As protetoras do ensinamento

171

❧ 93 ❧

O ódio, o apego ou a inveja desestabilizam nossa mente e a impedem de se conduzir com equanimidade com os seres. Conduzir-se com equanimidade não significa ser indiferente ao sofrimento dos seres ou não ser tocado por ele. Ao contrário, adotar tal atitude implica agir em relação aos outros de modo semelhante, sem mostrar preferência ou rejeição, com compaixão e amor, fazendo tudo o que está em nosso poder para ajudar todos os seres, indistintamente, a alcançar a iluminação.

৯ 94 ৎ

De hábito, esperamos de alguém que ajudamos que se mostre, de algum modo, reconhecido. Se a pessoa não faz isso, podemos sentir a raiva, o ressentimento ou um desejo de prejudicá-la nos invadir... Se aprendemos a trabalhar sobre nossa mente e a observar o que acontece em nós, então podemos deter esse processo e dissipar a emoção perturbadora que nos impele a agir com violência.

É ainda mais fácil de fazer isso se consideramos a pessoa que nos faz frente um mestre cujo papel é nos ensinar a desenvolver paciência e compaixão. Pense nisso quando você for levado a viver esse tipo de situação e verá como, assim que esse primeiro passo for dado, ficará cada vez mais fácil se conduzir desse modo e desenvolver a paz de espírito.

174 Maitreya

O Buda Maitreya encarna o amor universal. Um dia ele virá a este mundo, e por isso é representado com os pés no chão, pronto para vir.

Os budas

❧ 95 ❧

Diferentes métodos possibilitam cultivar a paciência. Um deles é o conhecimento da lei do carma. Assim, quando passar, por exemplo, por condições de trabalho difíceis ou quando se defrontar com um problema particular, considere que você é o responsável pelo sofrimento pelo qual está passando e que ele decerto se deve a causas que você mesmo provocou.

É verdade que isso não resolverá a situação, mas ao menos lhe permitirá relativizar e distanciar-se, e o motivará a fazer tudo para não contribuir, com pensamentos e atos "ruins", para criar de novo esse tipo de carma.

༄ 96 ༄

Ter confiança em si e em suas qualidades não significa ser orgulhoso. É importante ter confiança no que somos, em nossos talentos e capacidades particulares, a fim de desenvolver a fé na existência, na qual se apoiará nossa capacidade de gerar bondade, benevolência, compaixão e amor altruísta. Fé e confiança são indispensáveis para o desenvolvimento das qualidades humanas. Elas são um terreno fértil onde germinam todas as sementes que originarão as emoções positivas.

97

Os adultos, sejam pais ou não, deveriam pensar no modo de dar o maior afeto possível às crianças pelas quais são responsáveis. A educação não consiste apenas, de fato, em desenvolver o intelecto, mas em fazer o mesmo para tudo o que diz respeito à intuição e às qualidades humanas como a compaixão, a gentileza, a benevolência e o senso de responsabilidade.

Ela também consiste em ensinar às crianças que todos estamos interligados, no mundo todo, para que elas desenvolvam uma consciência aguda de seus pensamentos e atos.

Enfim, e muito importante, os adultos devem dar o exemplo a quem eles comandam e educam, pois o exemplo é a melhor maneira de ensinar o que se quer transmitir.

꠶ 98 ꠶

É ilusório pensar em transformar os outros sem antes agir sobre si mesmo. A evolução para a paz no mundo passa pela redução dos conflitos que transtornam algumas nações, de modo que as guerras cessem. Reduzir as desigualdades sociais tentando construir um mundo melhor supõe começar por transformar antes a si mesmo, a fim de influenciar o entorno imediato: os próximos e a família.

Fazendo reinar, nesse primeiro círculo interior, a compaixão, a ternura, a bondade e a alegria, torna-se, então, possível estender essas aquisições a círculos mais exteriores: amigos, vizinhos, e assim por diante. Em francês, chamam isso de "efeito bola-de-neve".

Transformando antes nossa própria mente, podemos ficar mais atentos aos outros, graças à força do amor altruísta que se desenvolve em nós. Por meio desse amor, podemos influenciar o resto do mundo e contribuir para instituir a paz entre os homens e entre as nações. É um ponto fundamental.

ॐ 99 ॐ

Em nossa vida cotidiana, sabemos que, quanto mais estável, calmo e satisfeito estiver o espírito, mais obteremos sensações e experiências de felicidade. Quanto mais indisciplinado e negativo e menos treinado for o espírito, mais sofreremos tanto mental quanto fisicamente. Está, portanto, muito claro que um espírito disciplinado e satisfeito é a fonte de nossa felicidade.

Quando exploramos e fazemos progredir esse estado de espírito disciplinado e sereno até determinado nível, ele é chamado de "verdade do caminho que leva à cessação". As ilusões podem ser eliminadas e separadas do espírito porque, na origem delas, há um equívoco que apreende as coisas e os acontecimentos.

As protetoras do ensinamento

༄ 100 ༄

Os ensinamentos budistas dizem que durante nossas vidas sucessivas todos os seres um dia foram nossos parentes. Acreditar nisso permite relativizar, de imediato, os conflitos que podem ocorrer entre duas pessoas e inspira um contato diferente com quem chamamos de inimigos. Saber, de fato, que toda experiência negativa resulta de nosso carma passado transforma o olhar que dirigimos a nosso suposto inimigo. Este último torna-se a manifestação exterior de fatores para cujo surgimento contribuímos, o que modifica nosso modo de apreendê-lo. Essa compreensão é importante para não sentirmos emoções negativas quando encontramos pessoas ou fatores que, na verdade, não são absolutamente responsáveis pelo que nos acontece.

✤ 101 ✤

É importante permanecer no mundo para fazer o bem a outrem. E, para isso, é preciso estar em sintonia com a realidade e com a época em que vivemos.

Como responsável religioso, meu dever é trabalhar, sem descanso, para colocar minha tradição ao alcance de todos e fazer com que ela seja facilmente aplicável à vida moderna.

☙ 102 ☙

Nas nações democráticas, onde se fala de direitos do homem, os dos animais são com frequência ultrajados. No entanto, segundo o princípio dito de interdependência dos seres e dos fenômenos, todos estamos ligados uns aos outros. Esquecemo-nos disso e não analisamos as consequências que nossas condutas negativas terão, mais tarde, sobre nossas condições de vida. A exploração abusiva dos animais e da natureza terá, sem dúvida, no futuro, grandes repercussões, principalmente sobre a alimentação e a saúde. Se refletíssemos sobre isso por um instante, estabeleceríamos sistemas que levassem em conta a proteção do meio ambiente e dos animais.

⇝ 103 ⇜

A maioria dos princípios religiosos provém da observação da conduta e dos sentimentos humanos. Eles têm como objetivo aumentar as qualidades humanas positivas, tais como a compaixão, a bondade e a benevolência. O ensinamento e a prática ajudam o discípulo budista a realizar o nirvana, a libertação de todo sofrimento. Entretanto, desejar alcançar esse objetivo final não quer dizer que devamos negligenciar nossas condições de vida. Quando são boas, elas de fato nos permitem ajudar mais facilmente os seres vivos. Por exemplo, é impossível viver sem dinheiro. Não se trata, portanto, de questionar sua importância, mas de colocá-lo em seu devido lugar, de não o considerar um deus onipotente. É um equívoco pensar que ele pode suprir nossas necessidades essenciais e fundamentais. A prioridade é ter um espírito são, que funcione de modo positivo, para ter o coração em paz. O resto vem como consequência.

186   **Vaso do tesouro**

Este vaso do tesouro contém o néctar que simboliza a riqueza espiritual.

Os oito símbolos auspiciosos

❧ 104 ❧

O único poder verdadeiro que temos é o de servir os outros. Para mim, esse poder é autêntico e positivo. As outras formas de poder, e principalmente aquela que depende do poder do dinheiro, dão grandes responsabilidades, mas aqueles que as detêm se esquecem disso com muita frequência. Eles devem estar muito atentos para avaliar bem as motivações que suscitam seus atos.

O mesmo vale para os políticos. A democracia repousa na separação dos poderes, e é importante que o executivo, o legislativo e o judiciário permaneçam independentes. Essas disposições são precauções contra aqueles que têm excessivo apego ao poder.

✤ 105 ✤

Não faço nenhuma distinção, no plano humano, entre chefes de Estado ou simples indivíduos. Somos todos irmãos. Temos as mesmas necessidades fundamentais. A espiritualidade é necessária a todos. Posto isso, eu diria que sem dúvida ela é mais útil a quem tem responsabilidades nacionais do que àquele que está em busca de si mesmo, que vive afastado do mundo. Um chefe de governo, um político ou um grande diretor de empresa são pessoas importantes na sociedade. Suas ações positivas ou negativas têm repercussões na vida de muitas pessoas. Para continuar sendo positivo e ter boas motivações, eles devem seguir um treinamento espiritual para evitar fazer mal a outrem em grande escala. É, portanto, urgente que os dirigentes desenvolvam uma atitude altruísta e o senso de responsabilidade. O mundo precisa disso para caminhar rumo à paz.

～ 106 ～

Há algumas décadas, ninguém se preocupava com a ecologia. Os dirigentes e seus povos achavam, de modo equivocado, que os recursos da Terra eram inesgotáveis. Agora, a maioria dos partidos políticos fala de ecologia. Essas mudanças de perspectiva se apoiam na experiência. Ainda que nem todos os governos já ajam para preservar os recursos naturais e que o efeito estufa e o desmatamento estejam aumentando, pouco a pouco essas ideias também vão ganhando terreno. Isso me dá ânimo para continuar a trabalhar por um futuro melhor.

༄ 107 ༄

Os seres iluminados são exemplos a serem seguidos por todos os praticantes. Eles estimulam os praticantes a empregar mais esforços para com eles se parecerem e alcançarem sabedoria e compaixão semelhantes. A inteligência permite concretizar esse objetivo a partir do momento em que deixa de ser guiada pelas emoções negativas ou prejudiciais, fontes de sofrimento. Dessa forma, uma inteligência movida por uma boa motivação se revela uma ajuda preciosa.

༄ 108 ༄

O amor materno que liga a mãe ao filho não resulta de um apego passional. A mãe não espera nada do bebê, sente-se responsável por ele e deseja propiciar-lhe alegria e bem-estar em qualquer circunstância. Se não for pervertido, esse amor está muito próximo da compaixão verdadeira, no cerne da qual não há nenhum vestígio de apego. Por isso, a compaixão autêntica se manifesta de maneira idêntica para com amigos e inimigos. Quando atinge esse nível de prática e já não faz diferença entre os seres, você quer o bem de todos, preocupa-se com todos, incondicional e indistintamente, mesmo sabendo que a pessoa diante de você procura prejudicá-lo. Isso não o atinge, pois você desenvolveu a paz de espírito. O que não o impede de tomar todas as precauções necessárias para enfrentá-la, mas sem sentir ódio, raiva ou ressentimento.

Índice das ilustrações

Sakyamuni	20
Tara	26
Pára-sol	30
Padmasambhava	38
Yeshe Tsogyal	42
Estandarte da vitória	46
Vajradhara	56
Shri Singha	60
Os dois peixes dourados	68
Vajrasattva	72
Vimalamitra	78
Vairochana	86
Concha	90
Jamgon Mipham	98
Akshobhya	102
Flor de lótus	112
Ratnasambhava	116
O quinto Dalai-Lama	120
Amitabha	130
Nó sem fim	134
Rangjung Dorje	138
Amogasiddhi	146
Samantabhadra	158
Roda do darma	162
Longchen Rabjam	166
Maitreya	174
Vaso do tesouro	186